香ばしい料理を
つくりたくなって…

山田英季
Hidesue Yamada

はじめに
この本で使っている、小さなグリルパンのこと

しましまの焼き目は、香ばしさのしるし

グリルパンが好きです。それもアメリカLODGE（ロッジ）社のもの。香ばしい料理をつくりたくなったときの、力強い相棒。この本ではパンに始まり肉や魚、野菜、ごはんのおかず、本格料理……そしてお菓子まで、全42レシピを、すべてロッジのグリルパンで調理しています。つまり1冊丸ごとグリルパン料理の本です。

グリルパンって何？ どこがいいの？ 最初に、少しだけ説明させてくださいね。

ロッジのグリルパンは、単純に言うと、鍋底が凸凹（でこぼこ）のスキレットです。スキレットは、きっとご存じの方が多いですよね。厚い鋳鉄でできたフライパンで、温まると冷めにくく、全体からじわじわと赤外線の熱気（輻射熱）で素材を包むように焼けるから、素材の持ち味を引き出してくれるスグレモノです。

そんなスキレットに、凸凹の底が加わるとどうなるのか？ ビーフステーキを想像してみてください。グリルパンの上で牛肉は、接した凸の部分は直に焼かれ、浮いた凹の部分では熱気だけで焼かれます。それでグリルパンで

焼いたステーキの焼き目はしましま模様、途中で牛肉を90度まわせばチェック柄の出来上がり。

このしましまの焼き目が、グリルパンの〝香ばしさ〟の秘密なんです。

ロッジのグリルパンで焼いたしましま模様のステーキは、どこを食べても口の中で、きつね色に焼けた部分と蒸し焼きのような部分が混じり合います。そのコントラストと一体感！ しかも、余分な油は凹に落ちるから、風味はすっきりとしてヘルシー。この香ばしいおいしさは、鋳鉄製で凸凹のバランスがいいロッジのグリルパンならではだと思います。

この本では、いろいろ種類があるロッジのグリルパンの中から、丸くて小さな6½インチ（外径16.5cm・深さ2.9cm）サイズのミニグリルパンを使っています。ちょっと食べたくなったときや1皿料理に向いているし、何より姿がかわいい。

最後にもう1つだけ。どうか、グリルパン料理はゆっくりと味わって食べてください。噛めば噛むほど、香ばしいおいしさが楽しめるはずですから。

目次

02 はじめに　この本で使っている、小さなグリルパンのこと
しましまの焼き目は、香ばしさのしるし

06 $4\ ways$　4つの調理法

1 grill グリル　　2 cover カバーをして蒸し焼き
3 double 2つ合わせ　　4 oven オーブン調理

08 $5\ points$　5つのおいしいコツ

1 火加減は中火が基本　　2 素材に油をぬる　　3 焼き上がりの目安
4 あると便利な道具　　5 使い終わったら

---

10 $1st$

はじまりは、
パンから…

ダブルチーズハムトースト
海老とにんじんのオープンサンド
ベーコンエッグマフィン
ホットカプレーゼ
グリルバーガー
チョコ焼きバナナトースト
ホット "食パン" ドッグ
焼きオレンジナッツトースト
ピザベーグルトースト

28 $2nd$

肉、野菜、魚、
ごはんの友まで。
香ばしい！熱々レシピ

ビーフステーキ
タンドリーチキン
ベーコンとキャベツの重ね焼き
グリルハンバーグ
ポークジンジャー
焼きアジのマリネ
ホタテとしめじのグリル　レモンバターソース
アサリとじゃがいもの白ワイン蒸し
マグロのステーキサラダ
海老のエスニックグリル
根菜の焼きマリネ
じゃがバター
焼きバーニャカウダ

長ねぎのグリル
丸ごと玉ねぎ
アボカドグリル
キャベツのステーキ
ピーマンの肉詰め
鶏とごぼうのつくね
鮭の梅みそグリル
明太子のグリル
焼きおにぎり
焼きもち 海苔、八つ橋

68 **3rd**

甘い幸せ。
一口のおやつ

グリルアップルアイス
シナモンシュガーパイン
グリルドーナッツアイスサンド
グリルフレンチトースト
焼きいも

80 **4th**

本格料理こそ、
得意です

ローストビーフ
厚切りポークソテー
ラムチョップとポテト
トマトのファルシドリア
鯛のグリル

---

92 ロッジ・グリルパンのファミリー
かたち、サイズ、カバーとかいろいろあります

94 そして、伝えたいこと
料理をおいしく楽しくしてくれる、グリルパンのしましまレシピ

notes この本のレシピの書き方について
＊各レシピについているアイコンは、調理法と調理時間の目安を指しています。
（→詳しくはP.6-7「4つの調理法」参照）
＊各レシピで マーカー がひいてある部分は、香ばしさを生み出す調理ポイントを示しています。
＊計量は、小さじ1＝5㎖、大さじ1＝15㎖です。

5

4 ways

多彩なおいしさを引き出すために

ロッジのグリルパンは、基本のグリル料理はもちろん、
主に4つの調理法で力を発揮します。
シンプルに焼くだけでなく、蒸し焼きやオーブン焼きなど多彩な料理が楽しめます。

1 grill グリル

グリルパンをコンロやIHクッキングヒーターにのせて素材を焼く、ベーシックな調理法です。食材を焼き始める前に、あらかじめ水を落としたらジュッと音がするくらいまでグリルパンを中火でよく温めておくことが基本です。

2 cover カバーをして蒸し焼き

グリルパンに、同サイズの専用カバー（ふた）をかぶせて蒸し焼きにする調理法です。カバーの重みで圧力がかかり、素材を芯から柔らかく、蒸し焼きで素材本来の味を引き出します。無水調理にも使えます。

4つの調理法

この本のレシピには、次のようなアイコンがついています。調理法と調理時間の目安にしてください。

[例] → grill 10 min.

グリルパンによる調理法を指しています（→このページ「4つの調理法」のどれか）。

グリルパンでの加熱時間を含めた、調理時間の全体の目安を指しています。

*丸ごと野菜や塊肉を使う場合などは、レシピを参考に様子を見ながら加熱時間や火加減を調節してください。

3 double 2つ合わせ

ロッジのグリルパンは、同サイズのスキレットやグリルパンが、向かい合わせでぴたりと隙間なく重なるようにできています。そのため、2つを合わせることで、厚みのある食材を蒸し焼きにすることができます。

4 oven オーブン調理

グリルパンごと、オーブンに入れて焼き上げる調理法です。本書で使っている6½インチ（外径16.5cm）サイズのミニグリルパンなら、家庭用のオーブンにらくらく入って便利。プロのオーブン仕上げが手軽にできます。

5 points

丁寧につくることが、一番のコツです

ロッジのグリルパンは、ぬくもりのある調理道具です。基本は丁寧に、中火でじっくり。しましまの焼き目が表面にはっきりつくくらいまで焼き、素材の芯まで熱をゆっくりと伝えていくイメージです。

1 火加減は中火が基本

基本の中火は、グリルパンの底全面（裏の外側の円）に火が当たっている状態です。弱火は、裏の内側の円に火が当たる程度。また鋳鉄製のグリルパンは、温まるのはゆっくりですが、一度温まると冷めるのもゆっくりなことも覚えておきたいポイントです（グリルパンは熱くなります。火にかけたら、うっかり素手で触らず、必ず鍋つかみなどで持つようにしましょう）。

2 素材に油をぬる

油は、熱の伝導をスムーズにする役割です。とくに肉や魚などを焼くときには、グリルパンではなく、素材に薄く油をぬることで芯まで火が入りやすくなります。グリルパンは底が凸凹のため、余分な油は落ちてくれるので風味はすっきり、ヘルシーです。

5つのおいしいコツ

3 焼き上がりの目安

厚みのある肉を焼く場合など、焼き上がりの見た目のサインは肉がふっくらとして艶が出てくること。指で押してみて、ゆっくりくぼんでゆっくり戻るのがミディアム（肉汁は透明感がありながら赤い）、あまりくぼまずに弾力があるのがウェルダン（肉汁は透明）と覚えておくと、便利です。

4 あると便利な道具

グリルパン調理にあると便利な4品。左から、ポケットがついていて鍋つかみにもなる鍋敷き、小ぶりの万能トング、素材に油をぬるときに使うハケ、そしてステンレス製で厚みが薄く幅が狭い小さめのヘラやターナーは、とくにミニグリルパン調理では必須アイテム。

5 使い終わったら

ロッジのグリルパンは最初からシーズニング（植物油をなじませた状態）が済んでいます。調理後はタワシなどを使ってお湯で洗い、よく乾かせばOKです。ただ、人の肌と同じで、かさかさのときはサラダ油を薄くぬってなじませてください。くれぐれも油のぬりすぎ、油べとべとはNGです。

1st

はじまりは、パンから…

朝食やランチにも。
手軽なワンプレート料理を

ダブルチーズハムトースト

食パンの焼けた部分と蒸し焼きの部分のしましまが、香ばしさを生み出します。グリルパンでパン料理の基本のかたち。朝食にもぴったり

●調理時間＝10分　調理法＝カバーをして蒸し焼き

材料（1人分）
山型食パン（8枚切り）・・・・・・・・・・・・・・1枚
チェダーチーズスライス・・・・・・・・・・・・・1枚
シュレッドチーズ・・・・・・・・・・・・・・・・・・15g
ハム・・・・・・・・・・・・・・・・・・・・・・・・・・・・1枚
バター・・・・・・・・・・・・・・・・・・・・・・・・・・5g
黒こしょう・・・・・・・・・・・・・・・・・・・・・・・少々

[準備など]　グリルパンは中火でよく温めておきます。

作り方
① 食パンを縦半分に切ります。
② 半分に切ったハムとチェダーチーズ、シュレッドチーズ、黒こしょうをふって❶で挟み、パンの外側にバターをぬります。
③ 温めておいたグリルパンに❷をのせ、カバー（ふた）をして両面を中火で1分半ずつ焼きます。

grill 15 min.

14

海老とにんじんのオープンサンド

グリルパンで焼くことで海老、にんじんの味が濃厚になり、
香ばしさが加わって風味のコントラストが生まれます。
ソースは控えめ。口の中で、さっぱりしたタルタルソースが完成する感じ

●調理時間=15分　調理法=グリル

材料（1人分）
ベーグル・・・・・・・・・・・・・・・・・・・・・1個
むき海老・・・・・・・・・・・・・・・・・10尾（60g）
にんじん・・・・・・・・・・・・・・・・・・・・・¼本
玉ねぎ・・・・・・・・・・・・・・・・・・・・・・⅛個
バター・・・・・・・・・・・・・・・・・・・・・・6g
塩・・・・・・・・・・・・・・・・・・・・・・・・少々
ソース｜マヨネーズ　大さじ1
　　　｜牛乳　小さじ2
　　　｜塩　少々
　　　｜黒こしょう　少々

[準備など] グリルパンは中火でよく温めておきます。
グリルパンが2つあると、②と③の同時調理ができ
て便利です。

作り方
① にんじんは皮をむき長さ4cmの細い乱切り
にし、耐熱容器に入れてラップをかけ
600Wの電子レンジで1分加熱します。玉
ねぎはみじん切りにして水にさらし、水気を
きります。ソースの材料は小さな容器に入
れて混ぜておきます。
② 温めておいたグリルパンに海老と❶のにん
じんをのせて塩をふり、両面を火が通るま
で中火で焼いたら取り出します。
③ ベーグルの厚みを半分に切り、断面にバタ
ーをぬり、温めておいたグリルパンで両面を
中火で焼きます。
④ ❸の1つずつに、❷の海老、にんじん、❶の
玉ねぎを順にのせ、ソースをかけます。

cover **10** min.

ベーコンエッグマフィン

噛むほどに、焼けたパン、ベーコン、卵、
ケチャップやマヨネーズ…
それぞれのおいしさが一体となって広がり、
最後はベーコンの香ばしさに幸せ感

●調理時間=10分　調理法=カバーをして蒸し焼き

材料（1人分）
イングリッシュマフィン･････････････1個
ベーコン（厚切り）･･････････2枚（50g）
卵･･･････････････････････････1個
水･････････････････････････小さじ1
バター･････････････････････････4g
A｜マヨネーズ　適量
　｜トマトケチャップ　適量
　｜マスタード　適量

[準備など] グリルパンは中火でよく温めておきます。

作り方
① 耐熱容器にオーブンペーパーを敷き、卵を割り入れ水を加えてラップをかけ、600Wの電子レンジで約40秒加熱します。
② 温めておいたグリルパンでベーコンを両面焼いたら、取り出します。
③ イングリッシュマフィンは厚みを半分に切り、2枚とも外側にバターをぬります。
④ 温めておいたグリルパンに❸の1枚をのせ、❷、❶、A、❸のもう1枚を順に重ねたら、カバー（ふた）をして両面を中火で1分ずつ軽く焼き色がつくまで焼きます。

17

ホットカプレーゼ

トースターやオーブンでは味わえない、
グリルパンでリベイクしたバゲットの香ばしさを実感できるレシピ。
酸味もあり、噛みごたえのある
天然酵母のバゲットがおすすめです

●調理時間=10分　調理法=カバーをして蒸し焼き

材料（1人分）
バゲット	1/6本
トマト	1/3個
モッツァレラチーズ	30g
サラミ（直径2.5cm）	12g
バジルの葉	2枚
黒こしょう	少々
オリーブオイル	小さじ1

[準備など] グリルパンは中火でよく温めておきます。バゲットの長さは、グリルパンのサイズに合わせてください。

作り方

① トマト、モッツァレラ、サラミは、厚さ5mmの輪切りにします。
② バゲットは厚みを半分に切り、内側にオリーブオイルをかけ、①とバジルの葉をのせ、黒こしょうをふって挟みます。
③ 温めておいたグリルパンに②をのせ、カバー（ふた）をして両面を中火で1分半ずつ蒸し焼きにします。

グリルバーガー

パテがふっくらジューシー。
香ばしく焼けたバンズとの組み合わせが絶妙で、
ソースなしでも十分おいしい

●調理時間＝30分　調理法＝グリル

材料（2人分）
バンズ･････････････････････････2個
パテ｜牛ひき肉　200g
　　　生パン粉　20g
　　　ナツメグ　少々
　　　塩　ひとつまみ
　　　黒こしょう　少々
バター････････････････････････8g
レタス････････････････････････2枚
チェダーチーズスライス････････2枚
トマトケチャップ･････････････適量
ナツメグ･････････････････････少々

[準備など] グリルパンは中火でよく温めておきます。材料は写真の出来上がり2つ分の分量です（1つでつくる場合は、半量にしてください）。グリルパンが2つあると、②と④の同時調理ができます。また、パテを裏返すときは、小さめのヘラやターナーがあると便利です。

作り方
① パテの材料をボウルに入れ、粘り気が出るまでよく混ぜたら半分に分け、それぞれ直径12cmの円盤状に形を整え、冷蔵庫で冷やしておきます。
② 温めておいたグリルパンに❶を1枚のせ、弾力を確かめながら両面を中火で焼いて取り出します。グリルパンは洗って汚れを落としておきます。
③ バンズは厚みを半分に切り、内側にバターをぬります。
④ 温めておいたグリルパンで❸の内側だけを中火で1枚ずつ焼きます。
⑤ ❹のうち下側のバンズにレタス、チェダーチーズ、ケチャップ、❷のパテをのせ、ナツメグをふったら、上側のバンズをのせます。

チョコ焼きバナナトースト

パンにバナナにチョコレートソース、ナッツは相性ばつぐんの組み合わせ。
焼けたバナナは甘酸っぱさが凝縮、
朝食にはもちろん、デザート感覚でも楽しめます

●調理時間＝15分　調理法＝グリル

材料（2人分）
食パン（6枚切り）・・・・・・・・・・・・・・・・・・・1枚
バナナ・・・・・・・・・・・・・・・・・・・・・・・・・・・・・½本
バター・・・・・・・・・・・・・・・・・・・・・・・・・・・・・8g
チョコレートソース・・・・・・・・・・・・・・・・適量
アーモンド・・・・・・・・・・・・・・・・・・・・・・・6粒

[準備など] グリルパンは中火でよく温めておきます。
材料は写真の出来上がり2つ分の分量です。

作り方
① バナナは縦半分に切り、温めておいたグリルパンで両面を焼いたら、取り出します。
② 縦半分に切った食パンの外側にバターをぬり、温めておいたグリルパンで両面を中火で焼きます。
③ ❷の1枚の上に❶のバナナ1つをのせ、チョコレートソースをかけて砕いたアーモンドを散らします。

ホット"食パン"ドッグ

あのバーベキューのおいしさをそのままサンド。
香ばしく焼いたグリルソーセージを食パンで挟む
オーストラリア流BBQ "バービー" の定番料理をアレンジ！

●調理時間＝10分　調理法＝カバーをして蒸し焼き

材料（2人分）
山型食パン（4枚切り）	1枚
ホットドッグ用ソーセージ	2本
玉ねぎ	⅛個
きゅうりのピクルス	2本
トマトケチャップ	適量
バター	6g
黒こしょう	お好みで少々

［準備など］グリルパンは中火でよく温めておきます。

作り方
① 玉ねぎはみじん切りにして水にさらし、水気をきります。ピクルスはみじん切りにします。
② 食パンは縦半分に切り、厚みに切り込みを入れ、内側にバターをぬります。
③ 温めておいたグリルパンでソーセージを焼き、❷の切り込みに挟みます。
④ ❸を再びグリルパンに戻し、片側に焼き色をつけたら裏返し、カバー（ふた）をして焼き色がつくまで中火で蒸し焼きにします。
⑤ ❹にケチャップをかけ、❶を散らし、お好みで黒こしょうをふります。

grill 10 min.

焼きオレンジナッツトースト

グリルパンでしましまに焼くことで、オレンジの果肉が熱々で香ばしくさらにジューシー&フレッシュに!

●調理時間=10分　調理法=グリル

材料（2人分）
食パン（6枚切り）・・・・・・・・・・・・・・・1枚
バター・・・・・・・・・・・・・・・・・・・・・・・・・6g
オレンジ・・・・・・・・・・・・・・・・・・・・・・½個
カシューナッツ・・・・・・・・・・・・・・・・8粒
はちみつ・・・・・・・・・・・・・・・・お好みで適量

[準備など] グリルパンは中火でよく温めておきます。材料は写真の出来上がり2つ分の分量です。

作り方
① オレンジの皮をむき、果肉を厚さ5mmの輪切りにします（計4枚）。
② 縦半分に切った食パンの片側にバターをぬり、温めておいたグリルパンで両面を中火で焼いたら取り出します。
③ グリルパンで❶の両面を焼きます。
④ ❷の1枚に❸を2枚のせ（のせる面はどちらでもOK）、カシューナッツを散らします。お好みではちみつをかけても。

ピザベーグルトースト

具とチーズの上下関係を逆転。香ばしく焼けたベーグルと、みずみずしい野菜のハーモニー

●調理時間=25分　調理法=カバーをして蒸し焼き

材料（2人分）

ベーグル	1個
サラミ（直径2.5cm）	20g
ミニトマト	2個
ピーマン	1個
チェダーチーズスライス	2枚
オリーブオイル	適量
ピザソース	トマトピューレ 150ml 塩　ひとつまみ オリーブオイル　大さじ1 にんにく 1かけ

[準備など] グリルパンは中火でよく温めておきます。

作り方

① 鍋につぶしたにんにくとオリーブオイルを入れ、弱火で香りを引き出したら、トマトピューレと塩を加えて10分煮込みます。
② サラミ、ミニトマト、ピーマンは薄切りにします。
③ ベーグルは厚みを半分に切り、内側にオリーブオイルをぬって、温めておいたグリルパンで内側だけ焼き色をつけて取り出します。
④ ❸の内側に❶のピザソースを大さじ1ずつぬり、チーズをのせて❷を並べます。
⑤ グリルパンに❹の1つをのせ、カバー（ふた）をして3分蒸し焼きにします。同様にもう1つも焼きます。

2nd

肉、野菜、魚、ごはんの友まで。香ばしい！熱々レシピ

日々のごはんに。
焼いたり蒸したり、サラダにしたり…
素材のおいしさを味わいます

ビーフステーキ

とってもシンプルな牛ヒレステーキ。
だからよけいに普通のフライパンや、スキレットとも違う
グリルパンの香ばしいおいしさが実感できます

●調理時間=10分　調理法=グリル

材料（1人分）
牛ヒレステーキ肉・・・・・・・・・・・・・・・・・・100g
オリーブオイル・・・・・・・・・・・・・・・・・・小さじ1
塩・・・・・・・・・・・・・・・・・・・・・・・・・・・・・・ひとつまみ
黒こしょう・・・・・・・・・・・・・・・・・・・・・・・・少々
ガーリックバター｜バター　50g
　　　　　　　　｜にんにく　1かけ
　　　　　　　　｜パセリ　1枝

［準備など］肉は常温に戻しておきます。グリルパン
は中火でよく温めておきます。肉を裏返すときは、
小さめのヘラやターナーがあると便利です。

作り方
① 常温に戻したバターに、にんにくとパセリの
   みじん切りを加えてよく混ぜます。
② 牛肉の両面に塩をふり、ハケでオリーブオ
   イルをぬります。
③ 温めておいたグリルパンに❷をのせ、弾力
   を確かめながら両面を中火で1分半ずつ焼
   きます。
④ ❸に❶をのせ、黒こしょうをふります。

31

タンドリーチキン

ほぼほぼ炭火のタンドール窯で焼いたおいしさ。
ロッジのグリルパンならではの香ばしさを実感できるレシピです

●調理時間=8分（事前に漬け込み60分）　調理法=グリル

材料（2人分）
鶏もも肉・・・・・・・・・・・・・・・・・・・・・・・・・・1枚
マリネ液｜ヨーグルト　大さじ2
　　　　｜塩　小さじ¼
　　　　｜カレー粉　小さじ¼
オリーブオイル・・・・・・・・・・・・・・・・・・・小さじ2
赤玉ねぎ・・・・・・・・・・・・・・・・・・・・・・・・・適量
パクチー・・・・・・・・・・・・・・・・・・・・・・・・・適量
レモン・・・・・・・・・・・・・・・・・・・・・・・・・・⅛個

[準備など] グリルパンは中火でよく温めておきます。材料は調理2回分の分量です（1回でつくる場合は、半量にしてください）。グリルパンが2つあると、同時に2人分がつくれます。また、肉を裏返すときは、小さめのヘラやターナーがあると便利です。

作り方
① 鶏肉は余分な脂と皮、筋を取り、6等分にします。
② マリネ液の材料をボウルに入れてよく混ぜ、❶を入れて和え、1時間ほど冷蔵庫に置きます。
③ ❷の鶏肉のマリネ液を軽く拭き取り、オリーブオイルをからめて、温めておいたグリルパンで両面を弱火で2分ずつ焼きます。
④ 器に盛りつけ、赤玉ねぎのスライスとパクチーをのせて、レモンを搾ります。

ベーコンとキャベツの重ね焼き

スキレットやダッチオーブンと同じく素材の味を引き出す蒸し焼き効果に、グリルパンならではの香ばしさをプラス。
甘いキャベツに、ベーコンの旨味がしみ込んでいます

●調理時間=15分　調理法=カバーをして蒸し焼き

材料（1人分）
ベーコンスライス‥‥‥‥‥‥‥‥‥‥‥2枚
キャベツ‥‥‥‥‥‥‥‥‥‥‥‥‥‥⅛個
オリーブオイル‥‥‥‥‥‥‥‥‥‥大さじ1
塩‥‥‥‥‥‥‥‥‥‥‥‥‥‥‥ひとつまみ
黒こしょう‥‥‥‥‥‥‥‥‥‥‥‥‥少々

［準備など］グリルパンはあえて予熱しません。常温からカバーをして焼き始めることで、キャベツの甘味を引き出します。

作り方
① ベーコンは幅3cmに、キャベツは幅1cmに切ります。
② ボウルに❶とすべての材料を入れ、全体を和えます。
③ グリルパンに❷を重ねながら入れ、カバー（ふた）をぴたりとかぶせて弱火で5分焼きます。

グリルハンバーグ

表面はぱりっ、中はふっくら。
口の中で、ジューシーな旨味がほろほろとほぐれます。
グリルパン＋オーブン調理のおいしさ発見！

●調理時間＝30分　調理法＝オーブン調理

材料（2人分）
合ひき肉・・・・・・・・・・・・・・・・・・・・・・・・300g
玉ねぎ・・・・・・・・・・・・・・・・・・・・・・・・・・¼個
マッシュルーム・・・・・・・・・・・・・・・・・・4個
オリーブオイル・・・・・・・・・・・・・・・・大さじ1
A｜パン粉　30g
　｜ナツメグ　少々
　｜牛乳　大さじ2
　｜塩　小さじ¼
　｜黒こしょう　少々
ソース｜玉ねぎのすりおろし　¼個分
　　　｜醤油　大さじ2
　　　｜みりん　大さじ2
　　　｜黒こしょう　少々

［準備など］グリルパンは中火でよく温めておきます。オーブンは予熱しておきます。材料は写真の出来上がり2つ分の分量です（1つでつくる場合は、半量にしてください）。グリルパンが2つあると、同時に2人分がつくれます。また、ハンバーグを裏返すときは、小さめのヘラやターナーがあると便利です。

作り方
① 玉ねぎとマッシュルームはみじん切りにし、耐熱容器に入れてオリーブオイルをかけ、ラップをして600Wの電子レンジで1分加熱し、粗熱をとります。
② ボウルにAを入れて混ぜた後、ひき肉と❶を入れて粘り気が出るまで混ぜます。
③ ❷を2つに分け、小判形に形を整えたらハケでオリーブオイル（分量外）を表面にぬります。
④ 温めておいたグリルパンに❸を1つのせ、両面に焼き色をつけたら、グリルパンごと200℃のオーブンで12分焼きます。
⑤ ボウルにソースの材料を入れてよく混ぜ、焼きあがった❹の1つにつき半量をかけ、お好みでバター（分量外）をのせます。

ポークジンジャー

とても香りのいい料理。厚めの豚ロース肉はジューシー！
肉を焼いている途中で90度まわすと、チェック柄の焼き目の出来上がり。
洋食屋さん風のソースが、どこか懐かしいおいしさです

●調理時間＝15分　調理法＝グリル

材料（1人分）
豚ロース肉……………………1枚（150g）
塩……………………………………………少々
白こしょう…………………………………少々
サラダ油……………………………………適量
ソース｜生クリーム　大さじ4
　　　　醤油　大さじ4
　　　　砂糖　大さじ1
　　　　おろし生姜　3g
　　　　バター　5g

作り方
① 豚肉の両面に塩と白こしょうをふり、ハケでサラダ油をぬります。
② 温めておいたグリルパンに❶をのせ、弾力を確かめながら両面を中火で焼きます。
③ ソースの材料を耐熱容器に入れ、ラップをして600Wの電子レンジで1分半加熱します。
④ ❷を器に盛りつけて❸のソースをかけます。

［準備など］肉は常温に戻しておきます。グリルパンは中火でよく温めておきます。付け合わせには、インゲンとコーンのバターソテー（分量外）がぴったりです。

焼きアジのマリネ

グリルパンは魚料理も香ばしい。
アジの皮が焼ける香りが漂ってきて、
盛りつけるとアジはしましま。イタリアンな味わいです

●調理時間=15分　調理法=カバーをして蒸し焼き

材料（1～2人分）
アジ･････････････････････1尾
パプリカ（黄色）･･････････¼個
アスパラ･････････････････2本
玉ねぎ･･･････････････････¼個
塩･･･････････････････ひとつまみ
オリーブオイル･･････････大さじ1と½
白ごま･･･････････････････小さじ1
サラダ油･････････････････適量
粒マスタード･･････････お好みで適量

[準備など] グリルパンはあえて予熱しません。常温からカバーをして焼き始めることで、野菜の甘味を引き出します。

作り方
① アジは3枚におろします。パプリカはヘタと種を取り、ひと口大に切ります。アスパラは下の硬い部分の皮をむき、幅1cmの斜め切りにします。玉ねぎは薄切りにします。
② サラダ油と粒マスタード以外の材料をボウルに入れ、手で和えます。
③ アジにハケでサラダ油をぬり、皮側を下にしてグリルパンにのせ、野菜を重ねながら入れたら、カバー（ふた）をぴたりとかぶせて弱火で8分蒸し焼きにします。
④ カバーを外し、底にヘラなどを入れてアジをはがしたらグリルパンに皿をかぶせ、全体をひっくり返して盛りつけます。お好みで粒マスタードを添えます。

ホタテとしめじのグリル レモンバターソース

ホタテがぷりぷり。味もずっと深く感じるのは、
グリルパン+オーブン調理の力。
しめじに玉ねぎ、レモンバターがおいしさをさらに引き立てます

●調理時間=15分　調理法=オーブン調理

材料（1～2人分）
生ホタテ······················2個
しめじ······················¼パック
玉ねぎ······················¼個
バター······················10g
塩························ひとつまみ
黒こしょう··················少々
レモン······················⅛個
パセリ······················少々

[準備など] グリルパンは中火でよく温めておきます。オーブンは予熱しておきます。

作り方
① 玉ねぎはくし形切りにします。しめじは石づきを取って、ひと口大にほぐしておきます。
② 温めておいたグリルパンにホタテをのせ、両面に焼き色をつけます。
③ ホタテを端によせ、❶の玉ねぎとしめじを加えて、角切りにしたバター、塩、黒こしょうをふり、グリルパンごと220℃のオーブンに入れて5分焼きます。
④ レモンを搾り、みじん切りにしたパセリをふります。

アサリとじゃがいもの白ワイン蒸し

グリルパン＋カバー調理のおいしさを味わえるレシピ。
少し粉をふいたじゃがいもにアサリの旨味がしみ込み、
しかも香りが豊かです

●調理時間＝15分　調理法＝カバーをして蒸し焼き

材料（1〜2人分）
アサリ（砂抜き）・・・・・・・・・・・・・・・・・・・・150g
じゃがいも・・・・・・・・・・・・・・・・・・・・・・・・中1個
クレソン・・・・・・・・・・・・・・・・・・・・・・・・・・½束
白ワイン・・・・・・・・・・・・・・・・・・・・・・・大さじ1と½
オリーブオイル・・・・・・・・・・・・・・・・・・・小さじ1
塩・・・・・・・・・・・・・・・・・・・・・・・・・・ひとつまみ
黒こしょう・・・・・・・・・・・・・・・・・・・・・・・・少々

［準備など］グリルパンはあえて予熱しません。常温から焼き始めることで、じゃがいもの甘味を引き出し、カバーの力でアサリの旨味をしみ込ませます。

作り方
① じゃがいもは皮をむき芽を取って、ひと口大に切ります。
② グリルパンに❶のじゃがいも、オリーブオイル、塩、黒こしょう、白ワインを入れて、カバー（ふた）をぴたりとかぶせて弱火で5分蒸し焼きにします。
③ アサリとクレソンを加え、再びカバーをぴたりとかぶせてさらに5分蒸し焼きにします。

マグロのステーキサラダ

マグロの表面はしましま、中はレアな焼き加減にして。
さっぱりとしてヘルシー。レモンとマスタードの酸味に誘われて、
マグロの香ばしいおいしさが白ワインとぴったりです

●調理時間=15分　調理法=グリル

材料（2人分）
マグロ（刺身用のさく）・・・・・・・・・・・・・100g
塩・・・・・・・・・・・・・・・・・・・・・・・・・・・・・・・ひとつまみ
黒こしょう・・・・・・・・・・・・・・・・・・・・・・・・・・・少々
サラダ油・・・・・・・・・・・・・・・・・・・・・・・・・・・・適量
ベビーリーフ・・・・・・・・・・・・・・・・・・・・・・・・適量
A｜レモン（いちょう切り）　⅛個
　　塩　少々
　　黒こしょう　少々
　　ごま油　大さじ1
　　粒マスタード　小さじ½

［準備など］グリルパンは中火でよく温めておきます。マグロを裏返すときは、小さめのヘラやターナーがあると便利です。

作り方
① マグロに塩と黒こしょうをふり、ハケでサラダ油をぬります。
② 温めておいたグリルパンに❶をのせ、両面とも表面を焼いたら、氷水に取ります。
③ Aの材料を小さめのボウルに入れてよく混ぜます。
④ 器にベビーリーフ、❷のマグロを切って盛りつけ、❸をかけます。

海老のエスニックグリル

「これ、おかわり」って思わず声が出ちゃう。
香ばしく焼けた海老にライムとナンプラーのアジアの風味が加わり、
白ワインやライム水が飲みたくなりますよ

●調理時間=10分　調理法=グリル

材料（1〜2人分）
有頭海老‥‥‥‥‥‥‥‥‥‥‥‥‥3尾
オリーブオイル‥‥‥‥‥‥‥‥‥‥適量
塩‥‥‥‥‥‥‥‥‥‥‥‥‥‥‥‥少々
ライム‥‥‥‥‥‥‥‥‥‥‥‥‥‥¼個
A｜ナンプラー　小さじ2
　｜黒こしょう　少々
　｜砂糖　小さじ¼

[準備など] グリルパンは中火でよく温めておきます。

作り方
① 海老はワタを楊枝で取ります。
② ❶にハケでオリーブオイルをぬり、塩をふります。
③ 温めておいたグリルパンに❷の海老を入れ、両面を中火で2分ずつ焼きます。
④ ボウルにAの材料とライムを搾り入れて混ぜ、❸にかけます。

根菜の焼きマリネ

根菜の自然の甘味が何倍にもふくらんで感じます。
しかも、鍋底の凸凹と接した部分は焼けて香ばしい。
ポン酢とナッツのソースをかけたら、あまり混ぜないほうが野菜の味を楽しめます

●調理時間=20分　調理法=カバーをして蒸し焼き

材料（1～2人分）
れんこん･････････････････････80g
ごぼう･････････････････････1/8本
にんじん･･･････････････････1/4本
オリーブオイル･････････････大さじ1
塩･････････････････････････少々
ソース｜カシューナッツ　4粒
　　　　ポン酢　大さじ1と1/2
　　　　砂糖　小さじ1/4
　　　　黒こしょう　少々

[準備など] グリルパンは中火でよく温めておきます。

作り方
① れんこんは皮をむいて薄切り、ごぼうは細切り、にんじんは皮をむいて細切りにし、塩、オリーブオイルを加えてボウルで和えます。
② すり鉢でカシューナッツをすりつぶし、ソースのほかの材料を入れてよく混ぜます。
③ 温めておいたグリルパンに❶を入れ、カバー（ふた）をぴたりとかぶせて弱火で10分蒸し焼きにします。
④ 野菜に火が通ったら、❷のソースを全体にまわしかけます。

じゃがバター

同じサイズのスキレットやグリルパンを向かい合わせに重ねれば、
高さのある食材もしっかり蒸し焼きにできます。
ほくほくで甘いポテトとバター、ベーコンの香ばしさ…
じっくり時間をかけて生まれる素朴なおいしさです

●調理時間=30分　調理法=2つ合わせ

材料（2人分）
じゃがいも・・・・・・・・・・・・・・・・・・・・・・・・・中2個
ベーコンスライス・・・・・・・・・・・・・・・・・・・2枚
水・・・・・・・・・・・・・・・・・・・・・・・・・・・・・・・80㎖
バター・・・・・・・・・・・・・・・・・・・・・・・・・・・20g

［準備など］グリルパンはあえて予熱しません。同じサイズのスキレットまたはグリルパンを向かい合わせにかぶせて蒸し焼きにします。

作り方
① じゃがいもは洗って芽を取り、皮つきのまま上に十字の切り込みを入れます。
② ベーコンは細切りにし、❶の切り込みの上にのせます。
③ グリルパンに水を注いで❷を入れ、同じサイズのスキレットまたはグリルパンをぴたりとかぶせて弱火で20分蒸し焼きにします。
④ 焼き上がったら、バターをのせます。

焼きバーニャカウダ

生野菜のバーニャカウダとはまた、ひと味違った野菜の甘さ、ジューシーさ、温かさ。からだがほんわかと和らぐ味わいです

●調理時間=25分　調理法=カバーをして蒸し焼き

材料（1〜2人分）
アスパラ·····················2本
小かぶ······················2個
パプリカ（黄色）················¼個
にんじん·····················⅓本
ソース｜にんにく　2かけ
　　　｜牛乳　適量（にんにくがひたる程度）
　　　｜アンチョビ　1本
　　　｜オリーブオイル　大さじ3
　　　｜黒こしょう　少々
　　　｜粉チーズ　大さじ1

[準備など]グリルパンはあえて予熱しません。常温からカバーをして焼き始めることで、野菜の甘味を引き出します。

作り方
① アスパラは下の硬い部分の皮をむいて長さ1cmの筒状に、かぶは茎を少し残して皮をむき8等分のくし形切りに、パプリカはヘタと種を取ってひと口大に、にんじんは皮をむいてひと口大に切ります。
② グリルパンに❶を重ねながら入れ、カバー（ふた）をぴたりとかぶせて弱火で5分蒸し焼きにします。
③ 皮をむき芯を取ったにんにくと牛乳を深めの耐熱容器に入れ、ラップをせずに600Wの電子レンジで吹きこぼれないように様子を見ながら1分半加熱し、牛乳を捨てます。この工程をもう1度繰り返します。
④ 別の耐熱容器に❸のにんにく、アンチョビを入れてつぶし、オリーブオイル、黒こしょう、粉チーズを加えて再び電子レンジに入れて1分加熱します。
⑤ ❷に❹をかけます。

長ねぎのグリル

長ねぎをグリルパンにのせたら動かさないで。
ねぎの芯がとろりと甘く、香ばしい！

●調理時間=15分　調理法=カバーをして蒸し焼き

材料（1～2人分）
長ねぎ･･････････････････1本
塩･･････････････････････少々
オリーブオイル･･････････小さじ2
山椒の実････････････････大さじ1

[準備など] グリルパンはあえて予熱しません。常温からカバーをして焼き始めることで、長ねぎの甘味を引き出します。

作り方
① 長ねぎをグリルパンにぴったりと収まるように切ります。

② ❶に塩をふり、オリーブオイルをまわしかけます。
③ グリルパンに❷を並べ、山椒の実をのせたらカバー（ふた）をぴたりとかぶせて弱火で12分蒸し焼きにします。

oven 40 min.

丸ごと玉ねぎ

じっくり焼いた玉ねぎのおいしさ。味がすっきりしているのは、
鍋底が凸凹のグリルパンのおかげです

●調理時間＝40分　調理法＝オーブン調理

材料（1〜2人分）
玉ねぎ･････････････････････････1個
オリーブオイル･････････････････小さじ1
塩･･･････････････････････････････少々
黒こしょう･･･････････････････････少々

[準備など] グリルパンは中火でよく温めておきます。
オーブンは予熱しておきます。

作り方
① 玉ねぎは皮つきのまま頭を少し切り落とし、上部に十字の切り込みを深さ1cmくらい入れて温めておいたグリルパンにのせます。
② ❶にオリーブオイルをかけ、グリルパンごと200℃のオーブンで30〜35分焼きます。
③ ❷に塩と黒こしょうをふります。

アボカドグリル

焼いたアボカドってこんなにおいしい。栗みたいな香りがして、パンのディップにもぴったりです

●調理時間=10分　調理法=グリル

材料（2人分）
アボカド‥‥‥‥‥‥‥‥‥‥‥‥1個
オリーブオイル‥‥‥‥‥‥‥‥‥適量
くるみ‥‥‥‥‥‥‥‥‥‥‥‥‥4粒
醤油‥‥‥‥‥‥‥‥‥‥‥‥‥小さじ½
黒こしょう‥‥‥‥‥‥‥‥‥‥‥少々
オリーブオイル（仕上げ用）‥‥‥‥小さじ1

[準備など] グリルパンは中火でよく温めておきます。

作り方
① アボカドは縦半分に切り、種を取って断面にオリーブオイルをぬります。
② 温めておいたグリルパンに断面を下にしてのせ、中火で1分半焼きます。
③ 砕いたくるみ、醤油、黒こしょう、オリーブオイルをかけます。

キャベツのステーキ

凸凹の鍋底の上で焦げるぐらいまで焼いたキャベツが香ばしい。
オーブンパンで焼いたのでは、このおいしさは生まれません

●調理時間=30分　調理法=オーブン調理

材料（1人分）
キャベツ（くし形切り）・・・・・・・・・・・・・・⅙玉
オリーブオイル・・・・・・・・・・・・・・・・・・・大さじ1
塩・・・・・・・・・・・・・・・・・・・・・・・・・・・・・・・少々
パルミジャーノレッジャーノ・・・・・・・・・適量
黒こしょう・・・・・・・・・・・・・・・・・・・・・・・少々

[準備など] グリルパンは中火でよく温めておきます。オーブンは予熱の必要がありません。キャベツは芯を残したまま、6等分のくし形に切っておきます。

作り方
① 温めておいたグリルパンにキャベツをのせ、オリーブオイルをかけてグリルパンごと200℃のオーブンで18～20分焼きます。
② ❶を取り出し、仕上げに塩、パルミジャーノ、黒こしょうをかけます。

ピーマンの肉詰め

おかずやお弁当の定番、ピーマンの肉詰めも香ばしくできます。
しかも、肉はカバーをかぶせた蒸し焼き効果でふっくらジューシー。
クミンシードが、ひと味違ったおいしさの秘密です

●調理時間=40分　調理法=カバーをして蒸し焼き

材料（1〜2人分）
合ひき肉・・・・・・・・・・・・・・・・・・・・・・・・100g
玉ねぎ・・・・・・・・・・・・・・・・・・・・・・・・・・1/8個
松の実・・・・・・・・・・・・・・・・・・・・・・・・大さじ1
A｜とき卵　1/4個分
　｜パン粉　10g
　｜カレー粉　小さじ1/4
　｜クミンシード　少々
　｜塩　小さじ1/4
　｜黒こしょう　少々
ピーマン・・・・・・・・・・・・・・・・・・・・・・・・2個
小麦粉・・・・・・・・・・・・・・・・・・・・・・・・・・適量
サラダ油・・・・・・・・・・・・・・・・・・・・・・・・適量
水・・・・・・・・・・・・・・・・・・・・・・・・・・・・・・50ml
レモン・・・・・・・・・・・・・・・・・・・・・・・・・・1/4個

[準備など] グリルパンは中火でよく温めておきます。

作り方

① Aの材料をボウルで混ぜ、ひき肉、みじん切りにした玉ねぎ、松の実を入れて粘り気が出るまでよく混ぜます。

② ピーマンを縦半分に切り種と筋を取って、内側に小麦粉を薄くつけ、❶を詰めます。肉の表面に、ハケでサラダ油をぬります。

③ 温めておいたグリルパンに❷をのせて両面に焼き色をつけ、水を加えてカバー（ふた）をぴたりとかぶせて弱火で7〜8分蒸し焼きにします。仕上げにレモンを搾ります。

cover 25 min.

鶏とごぼうのつくね

鶏肉とごぼう。ばつぐんの相性をつくねにしちゃいました。
黄金色でしましまの表面はカリッとして香ばしく、中はふっくら。
ぜひ、白いごはんと一緒にどうぞ

●調理時間＝25分　調理法＝カバーをして蒸し焼き

材料（2人分）
鶏ひき肉･････････････････････････200g
ごぼう･･････････････････････････¼本
玉ねぎ･･････････････････････････¼個
A ｜ 塩　ひとつまみ
　 ｜ 白こしょう　少々
　 ｜ 卵　1個
　 ｜ 片栗粉　小さじ1
ししとう･････････････････････････4本
たれ ｜ 醤油　大さじ3
　　 ｜ 砂糖　大さじ1
　　 ｜ みりん　大さじ2
　　 ｜ 片栗粉　小さじ½
　　 ｜ 水　大さじ3
　　 ｜ 酢　大さじ1

［準備など］グリルパンは中火でよく温めておきます。材料は調理2回分の分量です（1回でつくる場合は、半量にしてください）。グリルパンが2つあると、同時に2人分がつくれます。また、つくねを裏返すときは、小さめのヘラやターナーがあると便利です。

作り方

① ごぼうはささがきに、玉ねぎはみじん切りにします。たれの材料は小さな容器でよく混ぜておきます。

② ボウルにひき肉、A、❶を入れてよく混ぜ、4等分にして楕円形にまとめます。

③ 温めておいたグリルパンに❷を2つのせて両面に焼き色をつけたらししとう2本をのせ、カバー（ふた）をぴたりとかぶせて弱火で5分蒸し焼きにします。

④ カバーを外して1分ほど置いてから、❶のたれをつくね2つにつき半量ずつまわしかけ、ひと煮立ちさせます。

鮭の梅みそグリル

和食おかずの定番、鮭もグリルパンでおいしくなります。
梅みそがしみ込んだ身は、コクがあって爽やかな旨味がしみじみ。
これもまた、白いごはんとぜひ

●調理時間＝10分（事前に漬け込み30分）
調理法＝カバーをして蒸し焼き

材料（1人分）
生鮭・・・・・・・・・・・・・・・・・・・1切れ（70g）
長ねぎ・・・・・・・・・・・・・・・・・・・・・・¼本
梅みそ ｜ 白みそ　大さじ1
　　　　｜ 砂糖　　小さじ2
　　　　｜ 酒　　　小さじ1
　　　　｜ 梅干し　1粒
酒・・・・・・・・・・・・・・・・・・・・・・・・大さじ1

[準備など] グリルパンは中火でよく温めておきます。
鮭を裏返すときは、小さめのヘラやターナーがあると便利です。

作り方
① 梅みその材料をボウルでよく混ぜます。
② 鮭に❶をぬり、30分漬けておきます。
③ 温めておいたグリルパンに、みそを軽く落とした❷の鮭、長さ約5cmに切った長ねぎをのせ、片側を焼きます。
④ 鮭を裏返したら酒を加え、カバー（ふた）をぴたりとかぶせて弱火で3分蒸し焼きにします。器に盛りつけ、お好みでゆでたほうれん草（分量外）を添えます。

明太子のグリル

最高のごはんの友。焼き網で焼いた明太子の味に似ていますが、それよりきっとおいしい!

●調理時間=5分　調理法=グリル

材料(2人分)
明太子・・・・・・・・・・・・・・・・・・・・・・・・2本(50g)
ごま油・・・・・・・・・・・・・・・・・・・・・・・・・・小さじ1
白ごま・・・・・・・・・・・・・・・・・・・・・・・・・・・・少々
白いごはん・・・・・・・・・・・・・・・・・・・茶碗2杯分

[準備など] グリルパンは中火でよく温めておきます。

作り方
① 温めておいたグリルパンに明太子をのせ、表面を焼きます。
② ❶を食べやすい大きさに切り、白いごはんにのせて、ごま油とごまをかけます。

grill 15 min.

焼きおにぎり

炉端焼きの焼きおにぎりの味が、手軽に楽しめます。
おにぎりが鍋底の凸凹に当たる位地を合わせて裏返し、丁寧に焼くことが
ふっくら香ばしいおいしさのコツです

●調理時間=15分　調理法=グリル

材料（2人分）
白いごはん・・・・・・・・・・・・・・・・・・・・茶碗2杯分
かつお節・・・・・・・・・・・・・・・・・・・・・・ひとつまみ
A｜醤油　大さじ2
　｜みりん　大さじ1
サラダ油・・・・・・・・・・・・・・・・・・・・・・・・・適量

[準備など] グリルパンは中火でよく温めておきます。おにぎりを裏返すときは、小さめのヘラやターナーがあると便利です。

作り方
① ごはんにかつお節を混ぜ、丸いおにぎりを

固く握り、ハケで表面にサラダ油をぬります。
② 温めておいたグリルパンに❶をのせ、弱火にしてひっくり返しながら両面を焼きます。
③ Aを混ぜ、ハケで❷にぬりながら両面を焼きます。これを表面がカリッとするまで繰り返します。

cover 15 min.

焼きもち 海苔、八つ橋

表面はパリッとして、芯までしっかり焼けたおもちのおいしさは格別。
鋳鉄グリルパンの得意技、輻射熱の効果です

●調理時間=15分　調理法=カバーをして蒸し焼き

材料（1人分）
もち･････････････････････････2個
サラダ油･･･････････････････････適量
シナモン･･････････････････････小さじ1
きび砂糖･･････････････････････大さじ1
海苔･････････････････････････1枚
醤油･････････････････････････適量

［準備など］グリルパンは中火でよく温めておきます。

作り方
① 温めておいたグリルパンに、ハケで両面ともサラダ油をぬったもちをのせ、両面に軽く

焼き色をつけます。
② カバー（ふた）をぴたりとかぶせて弱火でじっくり焼き上げます。
③ ❷の1つには、シナモンときび砂糖を混ぜてかけます。もう1つには海苔を巻き、醤油を添えます。

3rd

甘い幸せ。
一口のおやつ

グリルパンで焼いたフルーツとお菓子の
おいしさをどうぞ

グリルアップルアイス

焼きりんご、おいしいですよね。
あの味がさらに濃縮されて、食感はなめらか。
りんごの芯のくぼみにたまった蜜の味は、もう…

●調理時間=30分　調理法=オーブン調理

材料（1人分）
りんご･････････････････････････････½個
クッキー･････････････････････お好みで適量
ミント･････････････････････････お好みで適量
バニラアイス･････････････････お好みで適量

［準備など］グリルパンは中火でよく温めておきます。
オーブンは予熱しておきます。

oven 30 min.

作り方
① 縦半分に切っておいたりんごは、スプーンなどで種と芯をくりぬきます。
② 温めておいたグリルパンに断面を下にしてのせ、中火で焼き色をつけます。
③ りんごの上下を返し、グリルパンごと200℃のオーブンに入れて20分焼きます。
④ 器に盛りつけ、お好みで砕いたクッキー、ミント、バニラアイスを添えます。

シナモンシュガーパイン

おやつ感覚で食べられるフルーツデザート。
シナモンシュガーがカラメルとなってパイナップルにからまります。
肉料理の後にもぴったりなので、バーベキューにもおすすめ

●調理時間=10分　調理法=グリル

材料（1人分）
パイナップル・・・・・・・・・・・・・・・・・・・・・・・・・・・1/8個
シナモン・・・・・・・・・・・・・・・・・・・・・・・・・小さじ1
きび砂糖・・・・・・・・・・・・・・・・・・・・・・・・・大さじ1

[準備など] グリルパンは中火でよく温めておきます。
パイナップルは写真を参考に、皮と芯を切り落として形を整えます。

作り方
① パイナップルに、シナモンときび砂糖を混ぜたものをしっかりとまぶします。
② 温めておいたグリルパンに❶をのせて、全面に焼き色をしっかりと焼きつけます。

グリルドーナッツアイスサンド

コンビニのドーナッツが、幸せのデザートに変身します。
とけた砂糖が再び固まってつやつやとなり、
冷たい・温かいの温度差もご馳走感たっぷり

●調理時間=10分　調理法=グリル

材料（1人分）
シューガードーナッツ･･････････････1個
チョコレートアイスクリーム･････････50g

[準備など] グリルパンは中火でよく温めておきます。

作り方
① ドーナッツは厚みを半分に切ります。
② 温めておいたグリルパンに❶を1枚ずつのせ、押しつけながら両面に焼き色をつけます。砂糖が焦げやすいので、様子を見ながら焼いてください。
③ ❷の2枚の間にチョコアイスを挟めば出来上がりです。

グリルフレンチトースト

部分的に焦げるくらいに焼き色をつけてください。
グリルパンで焼くパンの香ばしさが実感できます。
身がつまったバゲットでつくると、
ほとんどかりんとうのようなお菓子感覚に仕上がります

●調理時間＝15分　調理法＝グリル

材料（2人分）
バゲット（細めのもの）･･･････････････½本
A｜ 卵　1個
　｜ 牛乳　大さじ4
　｜ 練乳　大さじ2
いちご･･････････････････････････････2粒
生クリーム･････････････････････････30㎖

［準備など］グリルパンは中火でよく温めておきます。
バゲットは厚みを半分に切っておきます。材料は、
写真の出来上がり2つ分の分量です。

作り方
① バゲットは幅5㎝に切ります。
② Aの材料をボウルに入れてよく混ぜ、❶を
　 上から押しつけながら液をしみ込ませます。
③ 温めておいたグリルパンに❷を1回にのる
　 分ずつのせ、中火で全面を焼きます。
④ ❸を器に盛りつけ、薄切りにしたいちご、
　 軽く泡立てた生クリームをあしらいます。

焼きいも

スイートポテトを超えた甘さ、ほくほく感。
ひょっとすると、グリルパンでつくる最強デザートがこれ。
石焼きいも以上のおいしさかも…

●調理時間=25分　調理法=2つ合わせ

材料（2人分）
さつまいも……………………1本（300g）
水………………………………50ml

[準備など] グリルパンは中火でよく温めておきます。同じサイズのスキレットまたはグリルパンを向かい合わせにかぶせて蒸し焼きにします。

作り方
① さつまいもは厚さ5cmの斜め切りにします。
② 温めておいたグリルパンに❶をのせ、両面に焼き色をつけます。
③ ❷のグリルパンに水を注ぎ、同じサイズのスキレットまたはグリルパンをぴたりとかぶせて弱火で20分蒸し焼きにします。

4th

本格料理こそ、得意です

ちょっと時間と手間をかけても、贅沢な美味を

ローストビーフ

外側がかりかりで香ばしく、中は柔らかい。
噛むほどに肉の旨味がほとばしります。
ザ・ご馳走

●調理時間=50分　調理法=オーブン調理

材料（2～3人分）
和牛もも塊肉・・・・・・・・・・・・・・・・・・・・・・280g
塩・・・・・・・・・・・・・・・・・・・・・・・・・・・・・ひとつまみ
黒こしょう・・・・・・・・・・・・・・・・・・・・・・・・・・少々
オリーブオイル・・・・・・・・・・・・・・・・・・・・大さじ1
岩塩・・・・・・・・・・・・・・・・・・・・・・・・・・・・・・・・適量
粒マスタード・・・・・・・・・・・・・・・・・・・・・・・・適量

［準備など］グリルパンは中火でよく温めておきます。
オーブンは予熱しておきます。
［アレンジ］醤油2：みりん1を鍋で沸かしてたれをつくり、切ったローストビーフにからめ、ごはんにのせてわさびを添えれば、ローストビーフ丼の出来上がり。

作り方
① 牛肉に塩、黒こしょうをふり、オリーブオイルをかけます。
② 温めておいたグリルパンに❶をのせ、中火で全面にしっかり焼き色をつけます。
③ ❷をグリルパンごと200℃のオーブンで10分焼き、上下を返してさらに8分焼きます。
④ ❸をアルミホイルで包んで15分休ませます。
⑤ ❹を切り分け、岩塩と粒マスタード、お好みでベビーリーフやバゲット（ともに分量外）を添えます。

double 40 min.

厚切りポークソテー

噛みごたえ、食べごたえのある肉料理。
グリルパンならではの香ばしさが豚肉のジューシーさを際立たせ、
スーパーのチャーシュー肉が美味に変身する奇跡！

●調理時間=40分　調理法=2つ合わせ

材料（2〜3人分）
豚肩ロース塊肉（チャーシュー用など）…400g
塩・・・・・・・・・・・・・・・・・・・・・・・・・・・・・ひとつまみ
黒こしょう・・・・・・・・・・・・・・・・・・・・・・・・・少々
オリーブオイル・・・・・・・・・・・・・・・・・・・大さじ1
水・・・・・・・・・・・・・・・・・・・・・・・・・・・・・・大さじ1
白ワイン・・・・・・・・・・・・・・・・・・・・・・・・大さじ1
ローリエ・・・・・・・・・・・・・・・・・・・・・・・・・・1枚
ソース｜バルサミコ酢　大さじ4
　　　　粒マスタード　大さじ1

［準備など］グリルパンは中火でよく温めておきます。同じサイズのスキレットまたはグリルパンを向かい合わせにかぶせて蒸し焼きにします。

作り方
① 豚肉を厚さ6cmに切ってたこ糸でしばり、塩、黒こしょう、オリーブオイルをすり込みます。
② 温めておいたグリルパンに❶をのせ、中火で上下に焼き色をつけます。
③ ❷に水、白ワイン、ローリエを加え、同じサイズのグリルパンまたはスキレットをぴたりとかぶせて弱火で20分蒸し焼きにします。
④ 小鍋にバルサミコ酢を入れて半量くらいまで煮詰め、粒マスタードを混ぜます。
⑤ ❸を器に盛りつけ、❹のソースをかけます。

85

ラムチョップとポテト

グリルパンで焼いたラムとじゃがいもの香りのマリアージュ。
赤ワインがほしくなる、本格的なディナーメニューです

●調理時間=30分　調理法=グリル

材料（1〜2人分）
ラムチョップ	2本
塩	ひとつまみ
黒こしょう	少々
ローズマリー	1枝
オリーブオイル	大さじ1
ソース	ウスターソース　大さじ1
	トマトケチャップ　小さじ1
	粒マスタード　小さじ1
	赤ワイン　大さじ1
	バター　10g
じゃがいも	中2個

[準備など] グリルパンは中火でよく温めておきます。
グリルパンがぜひ2つほしいレシピです。

作り方

① ラムに、塩と黒こしょうをふり、ハケでオリーブオイル大さじ½をぬります。

② 温めておいたグリルパンに❶を脂側からのせ、ローズマリーを上にのせて、弾力を確かめながら全面を中火で焼いたら、取り出します。グリルパンは洗って汚れを落としておきます。

③ じゃがいもは皮つきのままラップをし、600Wの電子レンジで5分加熱したら木べらなどで軽くつぶし、ハケでオリーブオイル大さじ½をぬり、温めておいたグリルパンで両面を焼きます。

④ 小鍋にソースの材料を入れてひと煮立ちさせ、器に盛りつけたラムにかけます。

トマトのファルシドリア

グリルパンにのせてオーブンで焼くことで、香り豊かに仕上がります。
香ばしく焼けたトマトの皮ごと、
甘酸っぱくてフレッシュなトマトライスを味わってください

●調理時間＝30分　調理法＝オーブン調理

材料（1〜2人分）
トマト・・・・・・・・・・・・・・・・・・・・・・・・・・・・中2個
ソーセージ・・・・・・・・・・・・・・・・・・・・・・・・・・1本
玉ねぎ・・・・・・・・・・・・・・・・・・・・・・・・・・・・1/8個
白いごはん・・・・・・・・・・・・・・・・・・茶碗1/2杯分
A｜トマトケチャップ　大さじ1/2
　｜バター　5g
　｜黒こしょう　少々
　｜塩　少々
シュレッドチーズ・・・・・・・・・・・・・・・・・・・・・20g

[準備など] グリルパンは予熱の必要がありません。
オーブンは予熱しておきます。

作り方
① ソーセージ、玉ねぎはみじん切りにします。トマトは中身をくりぬきます。
② 耐熱ボウルに❶のソーセージと玉ねぎ、トマトの中身、ごはん、Aを入れてラップをし、600Wの電子レンジで1分加熱してさっくりと混ぜます。
③ ❶でくりぬいたトマトに❷を詰め、チーズをのせ、グリルパンにのせたら200℃のオーブンに入れて10分焼きます。

鯛のグリル

グリルパンで焼いた白身魚の香ばしさとフレッシュな野菜の出会い。
そして、バジルソース。
塩味は少し強めにするのがおすすめです

●調理時間=15分　調理法=グリル

材料（2人分）
鯛（刺身用のさく）・・・・・・・・・・・・・・・・120g
スナップエンドウ・・・・・・・・・・・・・・・・・・4本
ミニトマト（黄色）・・・・・・・・・・・・・・・・2個
バジルの葉・・・・・・・・・・・・・・・・・・・・・・・3枚
オリーブオイル・・・・・・・・・・・・・・・・・小さじ2
塩・・・・・・・・・・・・・・・・・・・・・・・・・・・・・・少々
白こしょう・・・・・・・・・・・・・・・・・・・・・・少々

[準備など] グリルパンは中火でよく温めておきます。
鯛を裏返すときは、小さめのヘラやターナーがあると便利です。

作り方
① 鯛に塩、白こしょうをふり10分置きます。
② スナップエンドウは筋を取って塩ゆでし、幅1cmの斜め切りにします。ミニトマトは輪切りにします。
③ 温めておいたグリルパンに❶をのせ、弱火で両面をじっくり焼きます。
④ すり鉢にバジルとオリーブオイルを入れ、すりつぶします。
⑤ ❷と❸を器に盛りつけ、❹のソースを散らします。

ロッジ・グリルパンのファミリー
かたち、サイズ、カバーとかいろいろあります

この本で使ったのは、丸くて小さな6½インチ（外径16.5cm・深さ2.9cm）サイズのミニグリルパンですが、ロッジの鋳鉄製グリルパンは大きいもの、四角いものなど、かたちやサイズもいろいろ。すべてシーズニング（植物油をなじませた状態）済みなので、面倒なならし作業は不要。お湯で洗ってすぐに使えます。IHクッキングヒーターにも対応。合わせて使うと便利なツールも揃っています。使い分けたり組み合わせたりすることで、グリルパン料理のおいしさ、楽しさがますます広がります。

★LODGE（ロッジ）公式ブランドサイト
https://www.lodge-cooking.com/

グリルパン10¼インチ
丸形の大きなグリルパンです。同サイズの鋳鉄製スキレットカバー、グラスカバーが使えます。
●内径25.7cm　●深さ4.6cm　●IH対応
●鋳鉄製

スクエア グリルパン10½インチ
角形のため、一度に大きめのステーキが2枚焼けるなど便利です。同サイズのグラスカバーが使えます。
●サイズ26.6×26.6cm　●深さ4.6cm　●IH対応　●鋳鉄製

スキレットカバー 6½インチ

この本で使っているミニグリルパンはもちろん、同サイズのスキレットにもぴたりと重なる専用カバー（ふた）。鋳鉄の重さで圧力がかかるので素材を柔らかく調理できます。また、内側には突起がついていて、蒸発した水分が食材に降り注ぎ、旨味を逃がさない工夫がしてあります。
●鋳鉄製

ロッジ グラスカバー 10¼インチ

10¼インチのグリルパン、スキレット、ダッチオーブンにも使える透明の専用グラスカバー（ふた）。
●本体強化ガラス製　●取っ手シリコーン製

ロッジ スクエアグラスカバー 10½インチ

10½インチのスクエア グリルパン専用の透明グラスカバー（ふた）。
●本体強化ガラス製　●取っ手シリコーン製

パニーニ プレス

表面は凸凹。食材を上から押さえつけ、均一でしましまの焼き目がつけられるプレスです。スクエア グリルパン10½インチにぴったりのサイズ。ほかに、同サイズで表面に凸凹のついていないフラット グリルプレスもあります。
●鋳鉄製

グリルパン スクレーパー2pc入り

鍋底の凸凹をきれいに掃除できる便利ツール。グリルパンを傷つけないプラスチック製です。
●サイズ8×8cm　●耐熱温度135℃　●2色1セット　●プラスチック製

そして、伝えたいこと
料理をおいしく楽しくしてくれる
グリルパンのしましまレシピ

僕は料理も好きですが、料理の道具も同じぐらい好きです。
ロッジのグリルパンがわが家のキッチンに来た日、
そのずっしりとした佇まいに
料理を上手に楽しくしてくれる予感がしました。

まずは簡単なパンを焼いてみようと半分に切った食パンをのせて、
待つこと1分。
裏返しにしてみると、なんともおいしそうなしましまの焼き色に
いつもより料理が上手になった気がしました。
難しそうに見えるグリルパンですが、実は誰でも使えます。
なんたってBBQ（バーベキュー）の要領で焼けばいいんです。

BBQのとき、「あっ、焦げてるかも！」と慌てて食材を裏返したことありますよね。
いつもより焼き色のついたお肉は、それでもおいしい味がする。
グリルパンも一緒です。
焼き目はみんな大好きですよね。

見た目にもおいしい、香ばしい焼き色。
この「しましまレシピ」で、皆さんの食卓がおいしく楽しくなりますように。

山田英季

山田英季 Hidesue Yamada

兵庫県生まれ。子供の頃から料理をおいしく食べること、つくることが好きで料理の道へ。
フレンチ、イタリアン、和食と幅広いジャンルでシェフを経験。スタイリングやプロダクトデザイン、空間プロデュースでも活躍するマルチな料理家。
2015年に株式会社and recipeを設立。現在は、メニュー開発、ケータリング、イベントプロデュース、雑誌やTVへの出演、旅と食をテーマにしたサイトも運営。日本と世界で"おいしいごはんで人と人をつなぐ"活動を行っている。
近著に『かけ焼きおかず かけて焼くだけ！至極カンタン！アツアツ「オーブン旨レシピ」』(グラフィック社)、『にんじん、たまねぎ、じゃがいも レシピ』(光文社) などがある。

and recipe　　http://andrecipe.tokyo/
インスタグラム　hidesueyamada

企画プロデュース　菊池仁志

料理・スタイリング　山田英季(and recipe)
写真　衛藤キヨコ
コーディネート　小池花恵(and recipe)
デザイン　鈴木衛(東京図鑑)
進行アシスタント　中村幹(まわりとしん)
編集　関明彦(まわりとしん)

 recipeシリーズ❶
香ばしくて、しましまのグリルパン料理！
2018年5月1日　初版第1冊発行

著　者　山田英季
発行者　赤津孝夫
発行所　株式会社 エイアンドエフ
　　　　〒160-0022　東京都新宿区新宿6-27-56
　　　　新宿スクエア　出版部
　　　　TEL.03-4578-8885
印刷・製本　中央精版印刷株式会社

ⓒ 2018 Hidesue Yamada + mawaritoshin, A&F Corporation
Printed in Japan
ISBN 978-4-909355-03-4

★LODGE (ロッジ) 公式ブランドサイト　https://www.lodge-cooking.com/

本書に関するお問い合わせは、上記・株式会社エイアンドエフ　出版部までご連絡ください。
落丁本・乱丁本は、お取り替えいたします。
法律で定められた権利者の許諾を得ることなく、本書の一部あるいは全部を無断で複写、
複製、放送、データ配信などをすることは、著作権法上での例外を除き、禁じられています。
定価はカバーに表示してあります。